Y. 5789
.C.

TOM JONES,

COMÉDIE LYRIQUE

EN TROIS ACTES,

Imitée du Roman Anglais de M. FIELDING,

PAR M. POINSINET.

La Musique, par Mr. A. D. PHILIDOR.

Vingt fois sur le métier remettez votre Ouvrage.
Boil. Art. Poet.

Représentée devant leurs Majestés à Versailles par les Comédiens Italiens Ordinaires du Roi, le 30 Mars; à Paris pour la premiere fois le 27 Février 1765, & remise au Théâtre le 30 Janvier 1766.

NOUVELLE EDITION.

Le Prix est de 30 sols avec la Musique.

A PARIS,

Chez la Veuve DUCHESNE, Libraire, rue Saint Jacques, au-dessous de la Fontaine Saint Benoît, au Temple du Goût.

M. DCC. LXVI.
Avec Approbation & Privilége du Roi.

A MONSEIGNEUR
LE DUC
DE FRONSAC,

Pair de France, Premier Gentilhomme de la Chambre du Roi, Maréchal de ses Camps & Armées, &c.

Monseigneur,

Les Arts, dès votre Enfance, ont paré votre Berceau. Vous les caressiez alors par amour ; vous les protégez aujourd'hui par devoir. Héritier du Rang, &, ce qui est plus cher encore, du Mérite respecté d'un Pere dont le nom seul fait l'éloge, c'est vous qui conduisez aux pieds du Trône les Muses rassurées ; c'est à vos soins qu'elles doivent ces regards bienfaisants dont le Monarque les honore, & qui raniment en elles une brillante émulation, d'où résulte toujours la gloire du Maître, des Citoyens & de l'Etat. Jeune encore, vos bontés & quelques succès, sont les seuls guides de mon courage. Je ne vous présente qu'avec crainte un Ouvrage dans un genre que la Nation adopte avec transport, & qui semble avoir touché le véritable but ; c'est de réunir & de faire briller les Arts les plus flateurs, en leur donnant pour guide la vérité. Certains Aristarques s'obstinent à le condamner : peut-être ont-ils raison. Je suis loin d'imaginer qu'une Comédie Lyrique soit un effort de génie ; je ne crois pas non plus que ce soit l'œuvre d'un moment : je pense seulement que le meilleur Ouvrage en ce genre deviendrait un nouveau monument de la gloire de la Nation, & qu'il établirait encore une fois notre supériorité littéraire sur les Italiens & les Anglais qui s'y exerçaient avant nous. Au reste, qu'importe le cri des Censeurs ? quel tort pourront-ils faire à mes efforts ? si Paris veut bien les applaudir, s'ils méritent un sourire de la Cour ; si le Fils du Pacificateur de Gênes & du Vainqueur de Minorque se plaît à les encourager, & me permet de lui réitérer les témoignages du profond respect avec lequel je suis,

MONSEIGNEUR,

Votre très-humble &
très-obéissant Serviteur,
POINSINET.

ACTEURS.

TOM JONES,	M. Clerval.
Monsieur WESTERN,	M. Caillot.
Madame WESTERN,	Mlle. Desglands.
Miss SOPHIE WES-TERN,	Mme. La Ruette.
HONORA,	Mme. Berard.
ALWORTHY,	M. La Ruette.
BLIFIL,	M. Treillal.
DOWLING, *Quaker*,	M. De Hesse.
UNE SERVANTE de l'Hôtellerie d'Upton,	Mme. Carlin.

PIQUEURS.

VALETS.

BUVEURS.

La Scene est, au premier & au second Acte, dans le Château de M. Western ; & au troisieme dans une Hôtellerie à Upton.

TOM JONES,
COMÉDIE LYRIQUE.

ACTE PREMIER.

Le Théâtre représente un Sallon de Compagnie dans le Château de M. Western, où il y a des meubles. Sophie est du côté du Roi, près d'un Métier de Tapisserie où elle travaille (a); Honora, de l'autre côté, travaille à faire de la Dentelle.

SCENE PREMIERE.

HONORA, SOPHIE.

DUO.

SOPHIE, *travaillant.*

QUE les devoirs que tu m'imposes,
Triste Raison, ont de rigueur (b) !

(a) Il faut observer de ne point mettre de lumière sur le Métier, parce que la Scene se passe le matin.

[b] Elle enfile une aiguille.

Tu gémis, Sophie (c), & tu n'oses
T'interroger (d) sur ta douleur (e).
Quand sous tes doigts naissent les Roses,
Les épines sont dans ton cœur.

HONORA, *faisant de la Dentelle & agitant ses fuseaux.*

Soir & matin,
La jeune Isette,
Triste & seulette,
Céde au chagrin.
Qu'un jeune drille
Lui parle l'amoureux jargon,
Son cœur sautille,
Elle babille;
C'est un démon,
Voilà sur l'esprit d'une fille
Le pouvoir d'un joli garçon.

SOPHIE, *s'arrêtant & la regardant.*

En vérité, ma Bonne, vous m'obligeriez de contraindre votre gaieté; elle est aujourd'hui bien vive.

HONORA.

Pas plus qu'à l'ordinaire; mais c'est vous, Mademoiselle, qui êtes aujourd'hui bien triste.

SOPHIE.

Tu te l'imagines, parce que je n'ai nul plaisir à raisonner avec ma tante des intérêts de l'Europe, ni à babiller inutilement avec toi.

(c) Elle pique l'aiguille en dessus.
(d) Elle la pique en dessous.
(e) Elle la tire en dessus & regarde son ouvrage.

COMÉDIE LYRIQUE.

HONORA.

Courage, soyez plus sincere, votre mélancolie s'accroît de jour en jour ; tout le monde s'en apperçoit ici, & nous en causions encore ce matin avec Monsieur Jones.

SOPHIE, *travaillant.*

Avec Monsieur Jones, & qui vous a priée de vous entretenir de moi ?...

HONORA, *travaillant.*

Eh bien ! n'allez-vous pas gronder ? comme si j'avois commis un grand crime d'écouter votre éloge.... fait par le plus joli jeune homme, le meilleur ami de votre pere, que le sage Alworthy éleve & chérit comme un fils.

SOPHIE.

Je vois que le plus court est de te laisser dire.

HONORA *se leve.*

Mais convenez-en vous-même ; vive ce Cavalier pour les attentions, les soins, la générosité, le courage : auriez-vous l'ingratitude d'oublier qu'il n'a pas craint de se casser le bras pour vous préserver d'une chûte légere. Ah ! lorsqu'il s'agit de rendre service, rien ne l'arrête, & voilà comme j'aime les hommes.

SOPHIE.

Il me paraît que tu ne hais pas trop celui-là.

HONORA.

De bonne-foi peut-on le haïr ? il est si poli, si bien fait !

SOPHIE, *en souriant.*

Sçais-tu bien, ma Bonne, que je finirai par t'en croire amoureuse ?

HONORA.

Ah ! vous voulez vous amuser à mes dépens : croyez, ma chere Maîtresse, que je me rends justice. Je sçais que le pauvre M. Jones ne connaît ni ses parens, ni sa famille, mais je sçais aussi que l'incertitude de son sort vaut mieux que la réalité du mien ; chéri de votre pere, élevé par Alworthy, tout cela suppose quelque secret motif, & j'en suis si persuadée, qu'on me voit toujours la premiere à prendre son parti contre tous ceux qui en babillent.

SOPHIE.

Cela est très-bien de ta part, je t'en loue.

HONORA.

J'ai déja fait une remarque.

SOPHIE.

Quelle est-elle ?

HONORA.

Ce grave Dowling, ce Quaker qui est comme l'Intendant de M. Alworthy ; lui qui tutoie tout le monde, ne salue personne, dont l'abord est si brusque, le ton si dur, l'esprit si fier, voyez quand il parle de Monsieur Jones, il y met des égards, du respect.

SOPHIE.

Mais... Je m'en suis apperçue.

COMÉDIE LYRIQUE.

HONORA.

Allez, Mademoiselle, le Ciel est juste; il permettra que tout se découvre, & en attendant si quelqu'un doit ici le protéger, c'est plutôt vous qu'une autre.

SOPHIE.

Pourquoi ?

HONORA.

Je crains.

SOPHIE *se leve*.

Acheve. Tu dois sçavoir que je ne veux pas que l'on me cache rien.

HONORA.

Eh bien ! écoutez-moi. C'était hier après le dîner, il se promenait dans le Bosquet ; c'est assez son usage. Je m'étais cachée, & je l'entendais qui disait, mais mille fois plus tendrement que je ne puis le répéter :

ARIETTE.

Oui, toute la vie,
La belle Sophie
Charmera mon cœur ;
De toute ma vie
La seule Sophie
Ferait le bonheur.

Cœur sensible & tendre
Qui peut chaque jour
L'avoir & l'entendre,
Sçait-il se défendre
Du pouvoir d'Amour.

Non, toute la vie, &c.

Mais dans le silence,
Loin de ses appas,
Cachons mon offense;
Et sans espérance
Répétons tout bas:
Oui, toute la vie. &c.

SOPHIE, *troublée.*

Honora... finissez... si vous me promettiez de ne plus parler de ceci... je vous pardonnerais. Mais prenez garde... Vous êtes indiscrette, ma Bonne... Vous l'êtes trop... Mon pere... Moi-même.

HONORA.

Soyez tranquille... Chut, j'entends quelqu'un: c'est Madame votre Tante; la Gazette l'occupe si fortement qu'elle ne nous apperçoit pas.

Sophie & Honora se remettent à leur ouvrage.

SCENE II.

HONORA, Madame WESTERN, SOPHIE.

Madame WESTERN, *tenant la Gazette qu'elle lit.*

AH! je suis bien-aise de vous trouver ici: vous travaillez? Tant mieux. J'aime qu'on s'occupe. Honora, sortez.

Elle met la Gazette dans un porte-feuille qu'elle tire de sa poche.

HONORA, *en serrant les deux ouvrages.*
Pourquoi donc ce mystere ?

(*Elle sort.*)

Madame WESTERN.

Vous me voyez, ma Niece, fort inquiette : nos affaires dans les couronnes du Nord prennent une tournure si contraire à mes idées !...

SOPHIE.

Il faut esperer.

Madame WESTERN.

Non, contre toute raison, le Dannemarck prend les armes. On se fiait sur une confédération. On avait projetté des articles, & point du tout : en vérité, il est bien difficile d'arranger des gens qui ne veulent pas s'entendre.

SOPHIE.

Mais ma Tante, ne serait-il pas plus simple de les laisser s'arranger eux-mêmes ?

Madame WESTERN.

Cela vous est bien facile à dire : mais ces contradictions perpétuelles m'occupent, me chagrinent, m'empêchent de songer comme je le voudrais aux intérêts de cette maison, dont votre pere, qui n'a pas le sens commun, me laisse tout le tracas.

SOPHIE.

Ma Tante... Il est mon pere.

Madame WESTERN.

Oui, & c'est-là tout son mérite ; car dans sa

conduite, c'est bien le gentilhomme le plus extraordinaire... Tous les jours courant les bois, ne vous entretenant, les soirs, que de ses chevaux, de ses valets... Ah! qu'il ferait bien mieux de suivre ses affaires, de veiller... sur vous... oui, sur vous-même, Miss Western, dont je suis fort mécontente!

SOPHIE.

Que me reprochez-vous?

Madame WESTERN.

Ah! çà... nous sommes seules. Je vous ai élevée. Je vous aime. Depuis deux mois que Monsieur Alworthy, son protégé Jones, & Blifil son neveu, logent dans ce château, vous êtes triste, rêveuse, vous fuyez la compagnie.

SOPHIE.

Je vous jure...

Madame WESTERN.

Vous êtes amoureuse, Sophie.

SOPHIE *vivement.*

Ne le croyez pas.

ARIETTE.

Ah! J'aime assez cette finesse :
Vous prétendez m'imposer,
A moi, ma niece!
En verité, c'est par trop s'abuser.

Du ministre le plus sévere,
Du plus habile secrétaire

Dès que je veux sonder les sentiments,
L'espoir couronne mon attente.
Jugez si je suis clairvoyante,
Sur les intrigues des amants

Ah ! J'aime assez, &c.

SOPHIE.

Je ne sçais que penser.

Madame WESTERN.

Vous rêvez, vous craignez de me répondre, vous avez tort. Votre choix me plaît, il est convenable. Si j'attendais que mon frere s'avisât le premier de songer à votre établissement, ce serait à ne pas finir; il ne peut tarder, & j'en vais conférer avec lui tout à l'heure.

SOPHIE.

De grace, répondez-moi ; se pourrait-il que vous fussiez assez bonne ?

Madame WESTERN.

Eh ! voilà comme l'on parle... comptez sur moi. (*On entend un bruit de fanfares.*) J'entends du bruit; c'est votre pere ; on ne peut le méconnaître au tapage qui l'environne.

SCENE III.

Quatre Piqueurs en bottes & en habits trouſſés, tenant en main leurs trompes & donnant des fanfares. JONES, Monſieur WESTERN, *en habit de chaſſe la trompe au col*, SOPHIE, Madame WESTERN, HONORA.

Mr. WESTERN *après les fanfares.*

COURAGE, enfants de la joye; de la gaieté: Ah! le beau temps, la belle chaſſe!

JONES.

Elle a été des plus heureuſes.

Mr. WESTERN.

Oui, mon ami, c'eſt graces à ton intelligence. Bon jour Sophie: comment te portes-tu, ma fille? fais ton compliment à mon camarade, il vient, ma foi, de s'acquérir la gloire du plus determiné Chaſſeur de notre Comté de Sommerſet.

JONES.

C'eſt à vous qu'appartient cet avantage.

Mr. WESTERN.

Nenni, vraiment, je ſuis ſincere. C'eſt à toi que je dois aujourd'hui tout le plaiſir de ma Chaſſe. Si

tu

tu l'avais vu, Sophie, quelle vivacité! quelle ardeur! mais vous autres femmes vous vous levez si tard!

Madame WESTERN.

Ne faut-il pas, comme vous, courir les bois avant qu'il soit jour ?

SOPHIE.

J'en ai bien du regret.

JONES.

Le plaisir que nous vous aurions vu prendre eût encore augmenté le nôtre.

Madame WESTERN.

Oh! sans doute, il est bien flatteur pour des femmes d'une certaine façon de s'exposer tous les jours à quelque nouvel accident de braver les vents, la pluie !

M. WESTERN.

Eh! ma chere sœur, mêlez-vous de politiquer sans nous contrarier sur nos plaisirs. Ah! que n'avez-vous vu la chasse de ce matin? peut-être de six mois n'aurons-nous pareille rencontre; un Cerf dix-cors, un temps ! un frais ! tayaut, tayaut ; il semble que j'y sois : tenez, le recit seul de ma chasse vous fera regretter de ne nous avoir pas suivis. Ecoutez.

ARIETTE.

D'un Cerf dix-Corts, j'ai connaissance :
On l'attaque au fort, on le lance ;
   Tous sont prêts ;

Piqueurs & Valets
Suivent les pas de l'ami Jone.
J'entends crier : Volcelets, Volcelets.
Aussi-tôt j'ordonne
Que la Meute donne.
Tayaut, Tayaut, Tayaut.
Mes chiens découplés l'environnent ;
Les trompes sonnent :
» Courage, Amis : Tayaut, Tayaut «
Quelques chiens, que l'ardeur dérange,
Quittent la voie & prennent le change.
Jones les rassure d'un cri :
Ourvari, ourvari.
Accoute, accoute, accoute.
Au retour nous en revoyons.
Accoute, à Mirmiraut, courons ;
Tout à Griffaut ;
Y après : Tayaut, Tayaut.
On reprend route :
Voilà le le Cerf à l'eau.
La trompe sonne,
La Meute donne,
L'écho résonne,
Nous pressons les nouveaux relais :
Volcelets, Volcelets.
L'animal forcé succombe,
Fait un effort, se relève, enfin tombe :
Et nos chasseurs chantent tous à l'envi :
» Amis, goûtons les fruits de la victoire ;
» Amis, Amis, célébrons notre gloire.
» Halali, Fanfare, Halali,
» Halali.

Madame WESTERN.

Quand vous aurez tout dit, mon frere, pourra-t-on

vous parler un moment de vos affaires ?

M. WESTERN.

Oh ! de tout mon cœur, & tant que vous voudrez ; mais, dites-moi d'abord, le dîner tardera-t-il beaucoup ? nous n'avons eu que le tems de faire une petite halte, & grace à vos soins la cantine étoit mal fournie.

Madame WESTERN.

Il n'est pas encore midi.

M. WESTERN.

Que m'importe ? Ordonnez qu'on se dépêche. (*Aux Piqueurs.*) Et vous, enfans, point de relâche. Le franc Chasseur doit être plus alerte encore que la bête qu'il poursuit. Demain, dès le point du jour....

Madame WESTERN, *à part*.

Oh ! demain : vous aurez, après le dîner, tout le tems de donner vos ordres. (*Haut.*) Honora, suivez ma niece dans son appartement. Je me flatte que Monsieur Jones me voudra bien permettre d'être un moment seule avec mon frere.

JONES.

Madame.

(*Honora sort avec Sophie.*)

M. WESTERN.

C'est une tyrannie ; je ne sçais ce qu'elle me veut : il faut contenter les femmes. (*A Jones.*) Va-t-en donner un peu le coup d'œil du Maître ; vois si no-

B ij

tre jeune Meute est rentrée en bon état : va, mon camarade ; je ne tarderai pas à t'aller joindre.

(*Jones sort avec les Piqueurs.*)

SCENE IV.

Mr. WESTERN, Madame WESTERN.

M. WESTERN.

A Présent, que me voulez-vous dire ? j'aurais plus besoin de repos que de raison ; ne marchons pas par les boulées, dépêchons.

Madame WESTERN.

Je veux vous dire, mon frere, que vous ne prévoyez rien, que vous ne sçavez rien.

M. WESTERN.

Oh ! parbleu, si fait. Je prévois que les vins de France seront fort chers l'année prochaine ; je sçais que la race de mes bassets s'abbatardit.

Madame WESTERN.

Et ce sont-là vos plus grandes affaires ?

M. WESTERN.

Et je n'en veux point avoir d'autres, moi. Je paye mes ouvriers tous les mois ; je compte avec mes Fermiers tous les ans ; je bois avec mes amis tous les jours; & quoi que vous en difiez, j'appelle cela faire très-bien fes affaires.

Madame WESTERN.

Mais votre fille a bien-tôt dix-huit ans.

M. WESTERN.

C'eſt vrai, & cela me prouve fouvent qu'il ne faut pas avoir votre âge pour raifonner mieux que vous.

Madame WESTERN.

Mon frere !

M. WESTERN.

Allons, point d'humeur, finiſſons : que veut, que defire ma chere Sophie ?

Madame WESTERN.

Ce que vous n'avez peut-être pas envie de lui accorder fi-tôt, ce que l'on defire à fon âge.... un mari.

M. WESTERN.

Eh! c'eſt mon unique envie. Combien de fois m'avez-vous entendu dire vous-même que ma feule ambition était de la voir heureufe, en la mariant au plus riche Gentilhomme de la Province.

Madame WESTERN.

Hâtez-vous donc de faire un choix ; fon cœur pourrait vous prévenir, & j'ai remarqué que, depuis le départ du neveu de M. Alworthy pour fon château....

M. WESTERN.

De Blifil ?

Madame WESTERN.

Oui, de Blifil.

M. WESTERN.

Quoi! férieufement.... Vous imaginez que ma Sophie...

Madame. WESTERN.

Comptez fur mon difcernement.

M. WESTERN.

Oh! votre difcernement... Au refte écoutez donc. Ma foi, j'en fuis enchanté : je l'ai toujours aimé ; il eft pourtant mauvais Chaffeur, mais d'ailleurs honnête homme, neveu de mon ami, fon unique héritier. Ce garçon-là fera riche. Ma fille lui veut du bien.... Allons, voilà qui eft fini. Holà, quelqu'un. (*Richard entre.*) Richard, qu'on voye un peu fi l'ami Alworthy eft dans le château ; qu'il vienne me parler, qu'il vienne tout à l'heure : c'eft pour affaire preffée, entendez-vous ? S'il ne peut quitter j'irai moi-même.

(*Richard fort.*)

Madame WESTERN.

Il ferait plus convenable d'attendre.

M. WESTERN.

Oh! trêve à vos avis, ne troublez point ma joie : je ferai mon bonheur, celui de ma fille, celui de mon ami, celui de fon neveu : nous ferons tous contens, tous heureux. Alworthy va venir, je veux lui parler feul.

Madame WESTERN.

Il faut considérer....

M. WESTERN.

C'est assez, c'est assez ma sœur. (*Madame Western sort.*) Oui, c'est au mieux, ce mariage-là fait justement mon affaire : la terre de mon ami touche à la mienne ; je puis marier Sophie, sans me séparer d'elle ; si je chasse de leur côté, je descends chez mon gendre, & j'embrasse ma fille.

ARIETTE.

Ah ! quel plaisir je me promets !
Je lui veux annoncer moi-même
Qu'en ce jour, à celui qu'elle aime,
Je la veux unir pour jamais.
  Je ne vois, plus je m'étudie,
  Aucun obstacle à ce lien.
  Tu seras heureuse, Sophie ;
  Et ton bonheur fera le mien.

SCENE V.

Mr. WESTERN, ALVORTHY.

ALWORTHY.

Richard m'a dit...

M. WESTERN.

Approche, approche, mon cher voisin; tu sçais depuis combien de temps nous sommes amis.

ALWORTHY.

Oui, & je m'en ressouviens toujours avec le plus grand plaisir.

M. WESTERN.

Tu n'as pourtant jamais eu la complaisance de courre un cerf avec moi.

ALWORTHY.

Chacun a ses goûts.

M. WESTERN.

De bonne-foi, je ne sçais pas trop ce que tu aimes.

ALWORTHY.

La tranquillité. Je n'en jouis jamais ; aujourd'hui même, vous me voyez triste. J'entends murmurer de tous côtés contre Jones, Blifil même a lieu de s'en plaindre ; j'en suis fâché : ce garçon ne m'est rien; mais je l'ai élevé, je l'aime.

M. WESTERN.

Et vous avez raison. C'est un excellent Sujet, un brave Chasseur. Allez, mon vieil ami, c'est un jeune homme dont vous n'aurez jamais que de la satisfaction.

ALWORTHY.

Je le souhaite.

M. WESTERN.

Laissons cela. Apprends les nouvelles les plus heureuses : tu sçais combien j'aime ma fille, je la marie à moins que tu ne t'y opposes.

ALWORTHY.

Moi! & pourquoi voulez-vous que je m'oppose au bonheur de votre fille ?

M. WESTERN.

En ce cas, touche-là. Notre affaire est conclue; c'est à ton Neveu que je la donne. Ils s'aiment; sa Tante me l'a dit, & je te dis, moi, qu'il faut écrire à ton château, faire revenir Blifil & les marier dès demain.

ALWORTHY.

Cela est bien-tôt dit : mais une affaire de cette nature.....

M. WESTERN.

Doit se terminer en deux jours. Je donne à ma fille la moitié de mon bien en la mariant, & le reste après ma mort; traite de même ton neveu, & finissons.

ALWORTHY.

Etes-vous bien assuré de trouver dans leurs caracteres cette convenance mutuelle d'où résulte le bonheur du mariage ? Sans parler de Blifil, votre Sophie mérite...

M. WESTERN.

Ils s'aiment, je te l'ai déja dit : je sçais mieux que toi ce qu'elle mérite. Veux-tu m'apprendre à aimer ma fille ?

ALWORTHY.

Comment Madame Western a-t-elle pu sçavoir ?...

M. WESTERN.

Je te réponds de tout ; ma Sophie est ma fille, elle m'aime, elle le doit. Ce mariage la rend heureuse, il fait tout mon desir, & je n'aurai pas besoin d'ordonner pour qu'elle m'obéisse. Quant à ton neveu, s'il lui plaît de refuser quinze mille livres sterlings & ma Sophie, je vous baise à tous les deux les mains ; n'en parlons plus.

ALWORTHY.

Moderez-vous.

M. WESTERN.

Eh ! non, tout est dit. Voilà comme je suis.

ALVORTHY.

Je vais travailler à vous contenter.

M. WESTERN.

Eh ! j'apperçois l'ami Dowling : tu fais bien de conserver ce Quaker à ton service ; j'aime ces gens-là, ils sont vrais.

SCENE VI.

Mr. WESTERN, ALWORTHY, DOWLING *toujours le chapeau sur la tête.*

DOWLING, à *Alworthy*.

Alworthy, j'avais pour toi des lettres, même fort importantes; ton neveu Blifil s'en est emparé; l'approuves-tu?

ALWORTHY.

Il me les remettra; tu sçais qu'il a toute ma confiance.

DOWLING.

Soit.

ALWORTHY.

Ecris-lui de se rendre ici le plutôt possible.

M. WESTERN.

Comment! le plutôt! quand il s'agit du bonheur de ma fille! Que l'on fasse monter un de mes gens à cheval : qu'il coure, qu'il l'amene..... qu'il arrive....

ALWORTHY.

Vous serez satisfait, Dowling ira lui-même; je

lui vais écrire. Suis-moi, j'ai d'autres affaires à te communiquer : serviteur ; mon ami, refléchissez encore, je vous en prie. (*A Dowling.*) Suis-moi.

(*Ils sortent.*)

M. WESTERN.

Tout est réfléchi. Quelle lenteur ! Ah ! que je te plains, Sophie, s'il faut que son neveu lui ressemble !

SCENE VII.

Mr. WESTERN, Madame WESTERN.

M. WESTERN.

Vous voilà, ma sœur ? Eh ! bien, notre affaire est arrangée, tout est fini, Alworthy m'a donné sa parole. Avez-vous prévenu Sophie ?

Madame WESTERN.

Pas encore, je lui ai fait dire de se rendre ici.

M. WESTERN.

Tant mieux ; vous m'avez réservé le plaisir de lui annoncer moi-même.

Madame WESTERN.

Doucement : Sophie est mon éleve ; j'ai pris soin

COMÉDIE LYRIQUE. 29

d'entamer cette affaire, il est décent qu'elle ne se fasse que par moi.

M. WESTERN.

Ma sœur, je vous en prie.

Madame WESTERN.

De grace, mon frere, ne me refusez pas cette satisfaction.

M. WESTERN.

Il faut toujours vous céder. Je vais rejoindre Alworthy : mais j'apperçois Sophie. (*Sophie entre.*) Approche, approche, sois contente, écoute ma sœur, elle a de bonnes nouvelles à t'apprendre. (*Il la caresse.*) Sois bonne fille. (*D'un ton très-gai.*) Aime bien ton pere, & tout ira comme il faut. (*D'un ton très-froid.*) Adieu, ma sœur.

(*Il sort.*)

SCENE VIII.

Madame WESTERN, SOPHIE.

SOPHIE, *d'un air étonné.*

MON pere nous quitte ! il paraît bien satisfait !

Madame WESTERN.

Il doit l'être ; & vous ne serez pas fâchée, à votre tour, d'apprendre combien j'ai réussi. Monsieur Alworthy consent à tout ; votre pere en est ravi, & dès ce soir, mes enfans, nous vous unirons ensemble.

SOPHIE.

Ensemble!.. avec?..

Madame WESTERN.

Avec celui que vous aimez ; cela me paraît clair. Pourquoi donc cette inquiétude ? Nous vous jugeons tous deux très-dignes l'un de l'autre. Oh! ne dissimulons plus, ou je me fâcherai.

SOPHIE.

Je crains de me trop flatter... Eh! bien, Madame, il est vrai que mon cœur....

Madame WESTERN.

Acheve.

SOPHIE.

Je ne le puis.

ARIETTE.

Ah! ma Tante, je vous prie,
Couronnez tant de bienfaits :
En votre sein je confie,
Et mon trouble & mes secrets.
Rassurez votre Sophie ;
Et dans son ame attendrie
Portez le calme & la paix.
Oui, j'aime, j'aime, il est vrai : mais je tremble ;
Je crains d'écouter mes soupirs.
L'Amour peut-il unir ensemble
Tant de chagrins & de plaisirs ?

COMÉDIE LYRIQUE.

Ah! ma Tante, &c.

Madame WESTERN, *en l'embrassant.*

Tu me charmes, tu me rappelles des momens!.. Mais ce tems-là n'est plus. Je te l'ai déjà dit, ma chere : ton choix est sensé ; ce jeune homme est bien, très-bien.

SOPHIE.

Il faut convenir qu'il est aimable.

Madame WESTERN.

Sage... posé.

SOPHIE.

Courageux, humain, poli.

Madame WESTERN.

Discret, sçavant.

SOPHIE.

Plein d'esprit, de soins, de prévenances.

TOUTES DEUX.

En un mot, fait pour plaire.

SOPHIE.

Oui, sans doute ; & tant de qualités réunies peuvent bien faire oublier le défaut que la naissance...

Madame WESTERN.

Comment! que dites-vous ? Où prenez-vous, s'il vous plaît, de pareilles impertinences ?

SOPHIE.

Puis-je ignorer un fait public, & ne pas sçavoir combien un malheur, dont il n'est pas coupable, fait souffrir l'infortuné Tom Jones ?

Madame WESTERN.

Jones ! Qu'entends-je ? Juste Ciel ! Mais je n'en reviens pas. C'est Jones que vous aimez ! c'est à moi que vous l'osez dire ! Ce n'est pas de Blifil ?...

SOPHIE.

Blifil ! (*A part.*) Je suis perdue.

Madame WESTERN.

Comment ! un homme sans état, sans parens !

SOPHIE.

De grace....

Madame WESTERN.

Déshonorer votre nom, votre famille ! me faire passer pour une femme sans discernement !

SOPHIE.

Ecoutez-moi.

Madame WESTERN.

Voilà donc le fruit de l'éducation que je vous ai donnée ! Vous aimez Jones ! je vais en avertir votre pere. Je veux qu'il soit chassé du château, qu'il le soit de chez Monsieur Alworthy, de tout le Comté de Sommerset.

SOPHIE.

Pourquoi le perdre ?

DUO

DUO.

Madame WESTERN.

Non, rien ne peut me retenir :
Rien ne peut calmer ma colere.

SOPHIE.

Soyez senfible à ma priere ;
Ce n'est pas lui qu'il faut punir.

Madame WESTERN.

Je veux qu'Alworthi, que mon frere
M'aident tous deux à le punir.

SOPHIE.

Ce n'est pas lui qu'il faut punir.
Pour appaifer votre colere,
Ordonnez-moi ; que faut-il faire ?
Je fuis prête à vous obéir.

Madame WESTERN.

Fuir pour jamais ce téméraire,
Le méprifer, le haïr.

SOPHIE.

Eh bien ! eh bien ! j'y ferai mon poffible.

Madame WESTERN.

Recevoir
Blifil dès ce foir ;
Lui montrer une ame fenfible.

SOPHIE.

Eh bien! eh bien! j'y ferai mon possible.

Madame WESTERN.

Songez à remplir ce devoir ;
A ce prix seul je puis me taire.

SOPHIE.	Madame WESTERN.
Je suis prête à vous satisfaire :	
Daignez calmer votre colere.	Je veux bien calmer ma colere:
Allons cacher mon désespoir.	Mais songez à votre devoir.

(*Elles sortent chacune d'un côté opposé.*)

Fin du premier Acte.

ACTE II.

Le Théâtre change & représente un endroit agréable du Jardin de M. Western; on découvre une allée très-courte qui conduit à son château que l'on voit dans le fond. Sur la gauche se trouve un siège de gazon : dans le fond, une ou deux allées d'arbres, & çà & là sur la Scène quelques-uns de ces sièges peints en verd qui font à Londres, comme à Paris, la parure des Jardins.

SCENE PREMIERE

BLIFIL, DOWLING.

DOWLING.

Blifil, Blifil, arrêtons ici un moment.

BLIFIL.

Je le veux bien. Je veux même, avant d'aller trouver mon oncle, te rappeller ta promesse.

DOWLING.

Je m'en souviens. Je m'en repens. Ta conduite me déplaît.

BLIFIL.

Tu vois qu'elle est nécessaire.

DOWLING.

Nécessaire... d'être faux !

BLIFIL.

Mais ce n'est point fausseté. Je ne te demande que du silence ; enfin si ce secret, ignoré depuis tant d'années, se découvrait un jour plutôt, un jour plus tard, quel avantage de plus serait-ce pour Tom Jones ?

DOWLING.

Il jouirait à l'instant de son état.

BLIFIL.

Attends que mon mariage soit conclu avec Miss Sophie.

DOWLING.

Tu l'épouses !

BLIFIL.

Je t'ai montré la lettre de mon oncle.

DOWLING.

Ton aîné la mérite mieux que toi.

BLIFIL.

Mais, si elle m'aime ?

DOWLING.

En ce cas, tu la mérites mieux que lui.

BLIFIL.

Ce mariage nous rend heureux l'un & l'autre : si j'écoutais tes desirs, si j'osais parler, je paraîtrais moins riche aux yeux de Western ; il voudrait rompre, & je perdrais ma fortune.

DOWLING.

Il suffit, je t'entends ; ton cœur est faux. Je t'ai donné ma parole ; je m'en souviens. A ton tour, souviens-toi de ce que je te vais dire. J'étais porteur des lettres de feu ta mere. Je te les ai remises. Je vais à Londres où ton oncle Alworthi m'envoie : mais prends-y garde ; s'il faut qu'à mon retour la vérité ne soit pas sortie de ta bouche, si tu n'as pas déclaré que Jones est ton frere, ton aîné, je le ferai moi-même.

BLIFIL.

Ecoute.

DOWLING.

Point de réponse. Adieu.

SCENE II.

BLIFIL, seul.

PArs, je ne te crains pas. Ces lettres... je les tiens. Je sçaurai t'arrêter à Londres plus longtems que tu ne le penses... Je puis d'un seul mot

Non, je ne te crains pas; & ton protégé, cet homme si parfait... Ah! le voici.

SCENE III.

JONES, BLIFIL.

JONES.

Quoi ! vous ici, Monsieur ?

BLIFIL.

Oui.

JONES.

Et votre voyage ?

BLIFIL.

Bien.

(*Il sort.*)

JONES, *seul.*

Heureux mortel ! De la naissance & de la fortune. Pour quelle raison Sophie a-t-elle disparu avant le dessert ? Je ne sçais ; mais tout m'inquiette. Jamais je n'eus l'ame si triste.

ARIETTE.

Amour, quelle est donc ta puissance !
Me dois-je aveugler sur mon sort ?

Aux doux attraits de l'espérance
Mon cœur peut-il s'ouvrir encor ?
J'ôse aimer la belle Sophie,
Le plus rare bienfait des Cieux,
Et qu'ils semblent avoir choisie
Pour charmer le cœur & les yeux.

(*Il jette les yeux sur ce qui l'environne.*)

La jeune fleur
Eclose à peine,
De son teint n'a pas la fraicheur :
Naissante rose, ton odeur
Est moins douce que son haleine,
Et le jour moins pur que son cœur.

Amour, quelle est donc ta puissance ?
Me dois-je aveugler sur mon sort ?
Aux doux attraits de l'espérance
Mon cœur peut-il s'ouvrir encor ?

SCENE IV.

JONES, HONORA.

HONORA.

Voila notre homme livré à fes belles rêveries.

JONES.

Ah ! c'eft vous, Honora ?

HONORA.

Oui, moi qui vous trouble peut-être ; les amoureux aiment la folitude.

JONES.

Vous me connaiffez mal : me foupçonner d'être amoureux !

HONORA.

Oh ! ce n'eft plus un foupçon ; il y a long-temps que j'en fuis certaine.

JONES.

Et de qui croyez-vous que j'ôfe ici l'être ?

HONORA.

Voyez qu'il eft malin ! Venez ici. Ah ! vous êtes fi honnête, qu'il n'y a pas de plaifir à vous chagriner. Vous faites le difcret, parce que vous tremblez que Sophie ne daigne pas vous payer du moindre retour :

mais fi vous fçaviez, comme moi, ce qui en eft;
allez.

ARIETTE.

La pauvre fillette a beau faire,
Le trait vainqueur
Eft dans fon cœur :
Elle veut jouer la févere,
Se mettre en colere,
Montrer du mépris, de l'humeur.

JONES.

Du mépris !

HONORA.

Ne craignez rien, vous dis-je.

La pauvre fillette a beau faire,
Le trait vainqueur
Eft dans fon cœur.
Nul plaifir ne la peut diftraire ;
Rien ne peut guérir fa langueur.
Le trait vainqueur, &c.

JONES.

Que me dis-tu ? fi j'ofais t'en croire... quoi ! le cœur
de Sophie ?...

La pauvre fillette a beau faire,
Le trait vainqueur
Eft dans fon cœur !

HONORA.

Doucement. Je ne vous dis point que ma maîtresse ait de l'amour. J'ai trop de respect pour elle... Mais c'est bien l'amitié la plus vive.... la plus franche.... la plus....

JONES, *toujours vivement & gaiement*.

Et c'en est assez, ma chere Honora; quel excès de joie! que je t'aime! que je t'embrasse.

HONORA.

Finissez.

(*Il l'embrasse.*)

SCENE V.

JONES, Mr. WESTERN *en deshabillé à l'Anglaise*, **HONORA.**

M. WESTERN, *les surprenant*.

AH! je vous y prends. Courage, l'ami Jones; à elle; en bon Chasseur.

HONORA.

Monsieur!

M. WESTERN.

Eh! non, ne vous gênez pas; je suis de vos amis.

HONORA.

C'eſt malgré moi.

M. WESTERN.

Oui-dà ! quelque ſot qui te croirait !

JONES.

Je vous promets....

M WESTERN.

Taiſez-vous, fripons. Allons ; ma ſœur te demande : va vîte, que je n'entende pas quereller. Ah ! ah ! notre ami, ce n'eſt donc pas à tort que l'on te donne la réputation d'un égrillard ?

JONES.

Je vous prie de croire....

M. WESTERN.

Tu fais l'innocent, tu cherches à t'excuſer : parbleu, à ton âge, il faut bien s'amuſer à quelque choſe ; & tel que tu me vois, mon cher Tom...

ARIETTE.

Plus d'une fois, tandis qu'à la maiſon
Chacun me croit endormi ſous l'ombrage,
Dans un boſquet, près d'un jeune tendron,
En tapinois je prends courage ;
Je le cajole ; & les jeux du bel âge
Peuvent encore amuſer le barbon.
  Oui, le barbon,
  Près d'un jeune tendron,
  Sçait encor du bel âge,

Peut encor donner la leçon.

    Quel plaisir d'être sous la treille,
D'y reposer pendant l'éclat du jour !
    Mais sur le soir on se reveille
Entre l'Amour & la bouteille,
    Entre la bouteille & l'Amour.

Plus d'une fois, &c.

JONES.

Je le crois ; il faut convenir que vous menez ici la vie la plus agréable.

M. WESTERN.

Mais, oui-dà : tout s'y passe assez à ma fantaisie ; &, comme tu dis, je serais peut-être le Gentilhomme le plus heureux de nos trois Royaumes, sans l'éternelle compagnie de ma sœur. Ah ! cà, de bonne foi, je t'en fais juge : se plaît-elle du matin au soir à autre chose qu'à me contrarier, à me faire enrager avec sa politique, sa Gazette ? c'est bien le plus fatiguant personnage, la plus franche.... Mais ma fille est son héritiere ; il faut avoir un peu de patience.

JONES.

Et cette fille charmante ne vous console-t-elle pas bien de ces petites contradictions passageres ? Vous la voyez sans cesse, vous en êtes tendrement chéri.

M. WESTERN.

Oui, ma Sophie, c'est bien le meilleur caractere, la plus aimable enfant ! Il est vrai que cela contraint

COMÉDIE LYRIQUE.

un peu ; & sur la fin d'un repas, s'il passe par la tête quelque petite gaillardise, on n'ôse la dire ; tout cela tue la gaieté.

JONES.
Quelquefois la délicatesse y gagne.

M. WESTERN.
Laisse faire, laisse faire ; nous allons être bien plus libres. Je vais la marier.

JONES.
Que me dites-vous ?

M. WESTERN.
Tu ne sçais donc pas ?...

JONES.
Non, je vous jure.

M. WESTERN.
Touche-là, mon ami ; fais-moi ton compliment : demain je marie Sophie.

JONES.
Demain, Monsieur ? cela est décidé ?...

M. WESTERN.
Oui ; le voisin Alworthi s'est enfin déterminé.

JONES.
Alworthi ?

M. WESTERN.
C'est Blifil.

JONES.
Blifil ?

M. WESTERN.

Oui ; Blifil arrive dès ce soir pour conclure ce mariage.

JONES.

(*A part.*)

Voilà donc le motif de son retour ?

M. WESTERN.

Ma fille a de l'inclination pour lui : c'est ma sœur qui s'est mêlée de tout ceci ; & c'est, je crois, la premiere fois de sa vie qu'elle a fait quelque chose de raisonnable.

JONES, *pénétré.*

Je n'aurais pas cru que Blifil ait sçu lui plaire.

M. WESTERN.

Ma foi, ni moi non plus : je ne sçais pas trop comment cela s'est fait ; mais j'en suis charmé. Je ne pouvais gueres trouver mieux ; c'est une excellente, très-excellente affaire. Qu'en penses-tu ?

JONES.

Assurément... Monsieur... Je suis de votre avis.

M. WESTERN.

Ah ! justement, voici ma fille ; je veux que tu sois le premier à l'en féliciter.

COMÉDIE LYRIQUE. 47

SCÈNE VI.

JONES, M. WESTERN, SOPHIE, HONORA.

M. WESTERN.

Approche ici, mon enfant ; comment ! on dirait que tu crains de lever les yeux. Ah ! la pauvre petite ! mais le cœur, au fond, n'en est pas moins satisfait. Voilà notre ami Jones à qui je faisais part de ton mariage ; il en est enchanté. Demande-lui plutôt.

(Sophie embarrassée n'ôse lever les yeux sur Tom Jones, qui de son côté la fixe d'un air attendri.)

JONES, *troublé.*

Je me flatte que Miss Western n'ignore pas à quel point son bonheur m'intéresse.

SOPHIE.

Je sçais, Monsieur.... ce que vous pensez..... Mais vous, mon pere, si vous m'aimez.....

M. WESTERN.

Si je t'aime ? Est-ce à toi d'en douter ? Tu ne soupçonnes pas ; non, tu ne conçois pas combien tu m'es chere. Que veux-tu ? Des bijoux, des parures, des diamans, la moitié, les deux tiers de mon bien ? Parle.

SOPHIE.

Je vous supplie de m'écouter.

JONES, à part.

Que dira-t-elle ?

SCENE VII.

JONES, M. WESTERN, SOPHIE, HONORA.

HONORA.

Monsieur Blifil demande s'il peut vous saluer.

M. WESTERN.

Eh! mais, sans doute : qu'il vienne ; pourquoi tant de cérémonies ?

JONES, à part.

Blifil !... Blifil !... Sortons, je craindrais qu'à sa vue... le désespoir... (*haut.*) Vous sçavez, Monsieur, qu'il me reste encore quelques ordres à donner pour la chasse de demain ?

M. WESTERN.

Si je le sçais ? Parbleu, je t'y suis. Mais crois-tu
bonnement

bonnement que je vais m'ennuyer ici à écouter les soupirs de ces deux tourtereaux ? Ma foi, tu ne me connais gueres. [*A Sophie.*] Ah ! cà, ma fille, je n'ai pas trop besoin de te dire comment tu dois le recevoir : en pareil cas, on prend plutôt conseil de son cœur, que de son pere. (*A Honora.*) Ne va pas les gêner toi, ces chers enfans : moi je suis enchanté, cela me rajeunit ; allons, mon ami Jones. (*A sa fille.*) Je reviens vous rejoindre. Sans adieu, Sophie.

JONES.
Vous serez heureuse. Adieu.

(*Il sort avec Jones.*)

SCENE VIII.

HONORA, SOPHIE, *ensuite* BLIFIL.

SOPHIE, *à Honora.*

Que me dit-il, Heureuse ? Ah ! qu'il est injuste !
HONORA.
J'apperçois Blifil. Contraignez-vous.

SOPHIE.

Quelle entrevue !... Rentrons sous ces allées pour y rassurer un moment mes esprits.

(Elles entrent dans une allée ; Blifil, qui entre du côté du Roi, s'avance sur la Sçene.)

BLIFIL.

Que le sexe est dissimulé ! je n'aurais jamais soupçonné qu'elle eût pour moi quelque tendresse. Saisissons cette circonstance, pressons ce mariage avant que.. Mais elle s'approche..Elle s'approche bien lentement.

HONORA, *à Sophie*.

Courage, il faut prendre sur vous.

(Blifil & Sophie se saluent.)

Quelles graces, belle Sophie, n'ai-je point à vous rendre ? & lorsque je crois n'obéir qu'aux ordres de mon oncle.....

SOPHIE.

Je sçais, Monsieur, les intentions de mon pere.

BLIFIL.

C'est à leur mutuel aveu que je dois l'avantage dont je jouis, & le bonheur qui m'attend.

HONORA.

Oh ! ce n'est pas encore chose faite.

BLIFIL.

Mais vous baissez les yeux, vous rêvez ! L'âge, la

naissance, la fortune, tout se réunit en notre faveur, & s'accorde entre nous.

SOPHIE.

Je le sçais : aussi n'est-ce d'aucun de ces côtés qu'il se pourrait trouver des obstacles ?

BLIFIL.

Il faut que l'on n'en ait pas prévu, puisque Monsieur votre pere lui-même paraît, autant que moi, pressé de conclure.

SOPHIE.

J'espere, Monsieur, que vous serez de mon sentiment ; qu'un délai de quelques jours...

BLIFIL.

Mon unique desir est de vous plaire ; mais je n'oserai jamais demander cette grace à mon oncle.

SOPHIE.

Eh ! bien, Monsieur, je l'obtiendrai de mon pere.

BLIFIL.

Je doute qu'il y consente ; je ne puis moi-même, sans chagrin, voir différer le moment de mon bonheur : mais vous changerez d'idée, sans doute, quand vous sentirez tout l'avantage qui résulte pour vous de l'union de nos fortunes.

ARIETTE.

De l'opulence,
De l'abondance
Notre maison deviendra le séjour ;
Tendresses,

Richesses,
Caresses,
Tout vous prouvera mon amour;
Jamais je n'aurai d'autre envie
Que de veiller sur la belle Sophie,
Trop heureux d'en être cheri.
Ainsi
De l'opulence, &c.

SCENE IX.

HONORA, SOPHIE, Mr. WESTERN, habillé comme au premier Acte, BLIFIL.

Mr. WESTERN, *dans la coulisse.*

Oui, oui, que tout cela soit arrangé. Eh bien! vous avez eu, je crois, tout le temps de causer ensemble : pour vous, Monsieur mon gendre, il paraît que, si l'on veut vous voir, il faut venir vous chercher.

BLIFIL.

Pardon, monsieur.

Mr. WESTERN.

Il me semble que le présent que je vous fais e. vous donnant ma fille, vaut bien la peine qu'on m'en remercie.

COMÉDIE LYRIQUE.

BLIFIL.

Croyez que ma reconnaissance....

Mr. WESTERN.

Oh! point de grands mots : sois mon ami, rends ma fille heureuse ; c'est tout ce que je te demande. Va trouver ton oncle, il t'attend. Vois avec lui si les ordres que j'ai donnés pour ton mariage te conviennent ; je n'aime point les disputes. Je veux bien ne rien épargner ; mais je n'entends pas qu'on differe. (*Blifil lui fait des révérences* ; *M. Western le pousse.*) Eh! va donc vîte. (*Blifil sort.*) (*A Sophie.*) Tu vois, mon enfant ; je préviens tes plus secrets desirs ; j'oublie tout pour ne m'occuper que de toi.

SOPHIE, *à Honora.* (*Honora sort.*)

Le temps est cher. Laisse-nous, je vais tout risquer. Mon pere, si j'osais m'expliquer devant vous...

Mr. WESTERN.

Eh! bien, qu'est-ce ? Rien ne doit t'empêcher de m'ouvrir ton cœur. Ne sçais-tu pas que tu dois tout espérer de ton pere ; que je n'ai dans la vie d'autre plaisir, d'autre joie que de te voir, de t'entendre, de t'aimer ?

SOPHIE.

Votre bonté m'encourage.

Mr. WESTERN.

Acheve.

SOPHIE.

ARIETTE.

C'est à vous que je dois la vie,
Vos bontés me la font chérir ;
A la voix de votre Sophie,
Que votre ame daigne s'ouvrir.
Ecoutez son cœur, qui vous crie:
C'est à vous que je dois la vie ;
Me voulez-vous contraindre d'en gémir ?

Apprenez que ce mariage,
Qui vous paraît l'objet de tous mes vœux,
N'est à mes yeux
Qu'un esclavage :
C'est le lien le plus affreux.

C'est à vous que je dois la vie, &c.

Mr. WESTERN.

Ah ! voilà donc ce grand secret ! c'est-à-dire que tu n'aimes pas Blifil, que tu ne veux pas l'épouser ?

SOPHIE.

Mon pere !

Mr. WESTERN.

J'en suis bien fâché, Mademoiselle, très-fâché : mais il n'est plus temps, il fallait plutôt me prévenir. Voyez un peu l'impertinence ! m'engager à des démarches, me laisser donner tous les ordres, & puis se vouloir dédire ! Non, non, c'est inutile ; c'est pour ton bien, pour ton avantage que j'ai conclu cette affaire : Blifil est jeune, riche ; il est neveu de mon ami, il t'aime, il te convient, & tu l'épouseras.

SOPHIE.

J'aimerais mieux la mort que d'y consentir.

Mr. WESTERN.

Comment ! tu me résistes ! tu me tiens tête ! Oh ! voici du nouveau pour moi.

DUO.

Mr. WESTERN.

A ton Pere
Tu ne crains donc pas de déplaire ?
Tu ne crains donc pas ma colere ?

SOPHIE.

Mon Pere !

M. WESTERN.

Vous & ma sœur vous me trompiez ?

SOPHIE.

Hélas ! si vous m'écoutiez.

Mr. WESTERN.

Non, non ; il faut me satisfaire,
Non, je veux que vous l'épousiez.
A mon ami j'ai donné ma parole,
Ma promesse n'est point frivole ;
Je prétends que vous me cédiez.

SOPHIE.	Mr WESTERN.
Mon Pere,	
Je me jette à vos pieds.	Non, non, il faut me satisfaire;
Mon Pere,	
Hélas ! si vous m'écoutiez....	Je prétends que vous me cédiez,
Je me jette à vos pieds.	Je prétends que vous l'épousiez.

COMÉDIE LYRIQUE. 57

SCÈNE X.

SOPHIE *à genoux*, JONES *accourant*, M. WESTERN.

JONES.

J'Accours à vos cris...... Que vois-je?... Sophie!

(Il lui donne la main; elle se releve.)

Mr. WESTERN.

Une fille qui ne se plaît qu'à chagriner son pere.

JONES.

Modérez-vous.

Mr. WESTERN.

Refuser Blifil !

JONES, *avec joie.*

Elle le refuse ! Oh Ciel !

Mr. WESTERN.

Eh ! bien, n'en es tu pas étonné toi-même ?... Le plus riche héritier de la Province. Je m'en rapporte à toi, mon ami Tom. Mais ne te chagrine pas, elle l'epousera. Tu sçais ce qu'est Blifil ; fais-lui entendre raison, je t'en prie. Je m'en fie à toi. Je suis trop en colere ; si je restais ici, je craindrais.... (à Sophie.) Ecoute bien ce que te dira Tom ; fais ma volonté, c'est ton meilleur parti ; fais ma volonté....

(*Jones regarde, sans lui rien dire, Sophie qui baisse les yeux.*)

JONES, *en soupirant.*

Quoi ! vous refusez Blifil ? On disait que vous l'aimiez.

SOPHIE.

Puissé-je n'entendre jamais prononcer son nom.

JONES.

Ah ! si j'osais vous peindre quelle indignation il porte dans mon cœur ; c'est pour vous persécuter qu'il vous aime ; & je serai témoin de son bonheur, tandis que dans le silence, dévoré du plus violent amour....

SOPHIE.

N'achevez pas.

JONES.

Punissez-moi : mais je vais vous perdre, je vais vous perdre Sophie ; dois-je mourir avec mon secret ?

SOPHIE.

Eh ! croyez-vous que le l'ignore ? Ah ! Jones, séparons-nous, oubliez-moi ; je le veux, je vous en prie.

COMÉDIE LYRIQUE.

JONES.

ARIETTE.

Vous voulez que je vous oublie !
Non, rien ne vaincra mon ardeur.
C'est mon destin d'adorer ma Sophie,
Ce sentiment naquit avec mon cœur.
Vous voulez que je vous oublie !
Non, rien ne vaincra mon ardeur.
Je sens que ce cœur vous offense,
Que mon devoir est de vous fuir;
Mais, loin de vous, dans le silence,
Quand je serai prêt à mourir,
On entendra ma bouche encore
Prononcer le nom que j'adore:
Ce sera mon dernier soupir.

Vous voulez que je vous oublie ! &c.

(*Il se met à genoux.*)

SCENE XI.

HONORA, SOPHIE, JONES, Mr. WESTERN, ALWORTHY, Madame WESTERN, BLIFIL.

Mr. WESTERN, *furieux, s'élance & sépare Jones de Sophie.*

AUx genoux de ma fille ! Ah ! je sçais tout ; ma sœur avait bien raison. Allons vîte... Hors de ma maison.

JONES.

Daignez m'écouter.

Mr. WESTERN.

Non : plus je t'aimais, plus ta lâcheté m'outrage. Point de discours, hors de mon Château, te dis-je ; & tout à l'heure.

SOPHIE, *s'appuyant sur Honora.*

Honora !..

Mr. WESTERN, *à Alworthy.*

Vous m'avez promis, voisin, de le chasser de chez

vous.... tenez-moi parole, je l'exige.

ALWORTHY.

Voilà donc le prix de mes bontés !

Madame WESTERN.

Écouter un homme fans état !

Mr. WESTERN.

Refufer pour lui de m'obéir ! allons, que l'on me fuive. Oh ! je t'en réponds, de force ou de gré tu l'époufieras.

(*Il prend Sophie par la main.*)

SOPHIE.

Sage Alworthy....

Mr. WESTERN.

Je ne veux pas qu'on t'écoute.

JONES, *à Alworthy*, *très-tendrement*.

Vous m'avez permis de vous nommer mon pere.

ALWORTHY, *très-froidement*.

J'ai promis de ne vous plus revoir.

SEPTUOR.

HONORA, à Sophie.	JONES, à Alworthy.	SOPHIE, à Mr. Western.
	Vous comblez ma misere.	
		Rien ne touche mon pere !
Ménagez leur colere.	Je me livre à mon désespoir. N'êtes-vous plus mon pere ? (à Sophie.) C'est pour jamais que je vous quitte.	(à Jones.) C'est moi qui fais votre malheur.
Quel embarras !	(à Mr. Western.) De votre colere C'est moi qu'il faut accabler ; Sophie est innocente : punissez-moi. (à Madame Western.) Vous êtes sa tante. Rien à présent ne m'épouvante.	(à Mr. Western.) Non ; je préfere le trépas. (à Alworthy.) Soyez son appui. (à Madame Western.) Votre ame sera contente :
(à Sophie.) Oui, ma Maitresse, Oui, oui, sans cesse, Je ferai pour vous mon devoir.	Je me livre à mon désespoir.	Je n'en crois que mon désespoir.

COMÉDIE LYRIQUE. 63
SEPTUOR.

Mr. WESTERN, à Jones.	Mad. WESTERN.	ALWORTHY, à Jones.	BLIFIL,
Oh ! je t'apprendrai ton devoir. Je ne t'en tiens pas quitte.		Je ne dois plus vous voir.	
	Cette conduite		
Allons, point de raison ;			Trahir ainsi mon espoir !
Sortez de ma maison.	Si fort m'irrite.		
(à Sophie.) J'ai fait avertir le Notaire, Et dès ce soir tu signeras.		Je hais la trahison.	(à Alworthy en montrant Jones.) Il n'entend point raison.
Il ose encor parler !	(à Sophie.)		
Tout ceci m'impatiente. Point tant de raison ; Hors de ma maison.	Vous tenez tête à votre Pere ! Vous ne méritez pas De nous causer cet embarras.	Je hais la trahison.	
Tout ceci m'impatiente. Je t'apprendrai mieux ton devoir.	Ce tracas-là me tourmente. Vous saurez mieux votre devoir.	Ce tracas-là me tourmente. J'ai promis de ne plus vous voir.	Ce tracas-là me tourmente. Fallait-il trahir mon espoir ?

(Mr. Western emmene Sophie ; Madame Western & Honora les suivent. Jones désespéré donne encore un regard à Sophie qui le lui rend ; prend la main d'Alworthy, la serre, la baise comme s'il lui disait : ah ! Monsieur ; lance ensuite un regard décidé, en enfonçant son chapeau, sur Blifil, qui s'approche d'Alworthy, & sort avec lui sur la droite ; Jones se retire sur la gauche.)

Fin du second Acte.

ACTE III.

Le Théâtre représente une Salle par bas de l'Hôtellerie d'Upton. On voit sur la gauche un escalier qui conduit à differents corridors, dans le fond sur la droite une petite porte, sur le devant une table à l'Angloise, un banc, quelques chaises de paille; au fond du Théâtre une autre table autour de laquelle sont plusieurs valets qui chantent en buvant du Punch.

La Symphonie de l'entre-acte peint une nuit.

SCENE PREMIERE.

Les Valets, ensuite DOWLING, *ensuite la Fille de l'Hôtellerie.*

CHŒUR DE BUVEURS.

CHANTONS, buvons, trinquons sans cesse;
Laissons le bourgogne aux Français.

Le

Le punch anime l'allegreſſe ;
Le punch éveille la tendreſſe :
Vive le punch & les Anglais.

DOWLING *ſort de la petite porte dans une eſpèce de déshabillé.*

La maudite Auberge ! le ſot voyage ! Oh ! avec ces gens-là, je ne fermerai pas l'œil de la nuit. Ho-la ! Hé ! Quelqu'un !... Parbleu, mes amis, à l'heure qu'il eſt, vous devriez bien... (*les Buveurs font du bruit.*) Bon ! les prier, paroles perdues... Ils ſont yvres. Venez donc quelqu'un, l'Hôte, la Maitreſſe !

LA FILLE, *tenant une lumiere & une bouteille.*

On y va. Comment ! vous n'êtes pas ſervi ?

DOWLING.

Et ce n'eſt que du repos que je demande. Vois donc, mon enfant, à faire ceſſer ce tapage : quels gens as-tu-mis là ?

LA FILLE.

Dame ! il faut bien que chacun s'arrange. Ce ſont les guides & les valets des voyageurs que nous logeons.

DOWLING.

Mais tâche, au moins, qu'ils s'éloignent, ou qu'ils ſe taiſent. Il eſt heure d'être en paix.

E

LA FILLE.

Parlez donc, vous autres ; vous réveillez tout le monde avec vos chansons. Si vous voulez continuer jusqu'au jour, mettez-vous là-bas à cette table, dans ce paffage, vous y pourrez crier tout à votre aife.

PREMIER BUVEUR.

Oh ! qu'à ça ne tienne. La paix, la paix, ma poule ; mais tu nous bailleras bouteille.

(Les Buveurs fe levent & vont fe placer derriere le Théâtre ; ils emportent leurs verres, & la Fille rentre par où elle eft fortie.)

SCENE II.

TOM JONES, DOWLING.

JONES defcend l'efcalier.

Quel bacchanal ! On ne peut réfifter au défordre ; partons : que vois-je ? C'eft Dowling ! O mon unique ami ! toi, à Upton ?

DOWLING.

Je vais à Londres par ordre d'Alworthy ; & toi-même, qui t'amene ici ?

JONES.

Je suis au désespoir ! Western a résolu ma perte. Alworthy m'a chassé de sa maison.

DOWLING.

Chassé ! que me dis-tu ?... quoi !... cet homme....

JONES.

Arrête ; il a tout fait pour moi ; il peut être injuste ; mais je ne veux pas être ingrat.

DOWLING.

Et qui l'a pu porter à cet excès contre toi, contre toi, mon cher Jones ?

JONES.

Un malheureux amour. Miss Sophie... Ah ! ma Sophie !

DOWLING.

Et Blifil était-il témoin de ta disgrace ?

JONES.

Il paraissait en jouir. Peut-être en est-il l'auteur ; il est mon rival.

DOWLING.

Le perfide !

JONES.

ARIETTE.

Ami, qu'en mes bras je presse,
De mon sort vois la rigueur ;
Permets que ma tristesse

Un moment s'épanche en ton cœur.
J'attefte ici l'honneur ;
Jamais ma faible jeuneffe
N'a mérité fon malheur.

Alworthy me chaffe, m'oublie :
C'eft mon pere, mon bienfaiteur.
Je ne verrai plus ma Sophie !
Ah ! j'ai tout perdu dans la vie,
Le repos, l'efpoir & l'honneur !

Ami, &c.

DOWLING.

Tu me détermines. Je ne vais plus à Londres ; je retourne au Château ; Alworthy va me voir & m'entendre. Remonte à ta chambre, fois tranquille fi tu peux l'être. Je vais payer ma dépenfe en attendant le jour. Ton fort changera, je te le promets ; je t'en donne ma parole, & je n'y manquai jamais.

JONES.

Que ne puis-je te croire !

DOWLING.

Crois-moi. (*Jones remonte à fa chambre.*) Infortuné jeune homme, fi je gardais plus long-tems le filence, je deviendrais complice de tes perfécuteurs. J'entends quelqu'un. Ah ! ce font des femmes ; rentrons.

SCENE III.

SOPHIE, HONORA, la FILLE

LA FILLE, *qui les conduit.*

Oui, mes belles Dames, vous pouvez très-bien vous reposer dans cette salle ; nous allons attendre vos ordres.

HONORA.

Vraiment, vraiment, nos ordres ! c'est que l'on nous prépare bien vîte des chevaux ; nous devrions déja être à Londres.

SOPHIE.

Je devrais bien plutôt retourner chez mon pere.

HONORA.

Oui, voilà une belle idée !

SOPHIE.

Quel conseil m'as-tu donné ? que sera devenu l'infortuné Jones ? (*on entend le bruit que font les Buveurs.*) Qu'entends-je ? des cris, des éclats !

HONORA.

Ce sont apparemment des Valets qui s'amusent à boire.

SOPHIE.

Deux femmes seules pendant la nuit ! en quel lieu !

HONORA.

Que peut-il vous y arriver ?

SOPHIE.

Qu'ai-je fait ?

HONORA.

Et quel parti vous restait-il à prendre ? Votre pere n'écoutait rien ; votre Contrat était tout prêt dès le point du jour ; il eût fallu signer, on aurait sçu vous y contraindre ; est-ce Blifil que vous regrettez ?

SOPHIE.

Ah ! Ciel !

HONORA.

Du moins, gagnerons-nous du tems ; & les parens auprès de qui vous vous retirez à Londres, pourront-ils, à la fin, ramener votre pere à la raison.

SOPHIE.

Je ne suis que trop disposée à te croire ; mais tu veux en vain me rassurer ; on ne revient point. Va toi-même donner tes ordres ; partons.

HONORA.

Je cours vous obéir. Allons, ma chere Maîtresse,

ne craignez rien, cette maison est sûre; je reviens tout à l'heure.

(*Honora, en sortant, emporte une lumiere. Il n'en reste plus qu'une sur la table.*)

SCENE IV.

SOPHIE *seule*.

RÉCITATIF.

ME voilà sans témoins; soulage-toi, mon cœur.
Où suis-je?.. qu'ai-je fait?.. quelle nuit!.. quelle horreur!..
Mon Pere!.. quelle est ta tristesse....
Je n'entends plus de cris... on se taît... le bruit cesse.
Mais ce profond silence augmente encor ma peur...
 Tout ce que je vois, m'épouvante.
 Cette lueur pâle & tremblante
  Dans mon sein porte la frayeur;
 Et cependant, j'éprouve une douceur;
 Le sentiment qui m'anime & m'enchante,
 Malgré moi charme ma douleur.

ARIETTE.

 O toi qui ne peux m'entendre,
 Qui ne peux recueillir mes pleurs;
 Toi dont j'ai causé les malheurs,
 Et dont le crime est d'être tendre;

Viens, accours, parais à mes yeux;
Je veux te voir : non. Je m'égare.
Non, non : fuis-moi, tout nous fépare.
Fuis-moi, tu le dois, je le veux.
Pardonne, cher amant, pardonne :
L'Amour te venge, & me punit.
A ton nom feul, ô mon cher Jone,
Je fens mon cœur qui m'abandonne;
Sur tes pas, il vole & te fuit.

SCENE V.

HONORA, SOPHIE, *deux Buveurs qui fuivent Honora.*

HONORA.

Laissez-moi, ne me fuivez pas.

SOPHIE.

C'eft la voix d'Honora.

Premier Buveur.

Eh! non, ma Belle, il ne s'agit que d'une parole.

Deuxieme Buveur, *tenant une bouteille.*

Oh! le punch eft bon; tenez, goûtez.

COMÉDIE LYRIQUE.

HONORA, *se défendant.*

Laissez-moi... si vous ne finissez... prenez garde, Madame.

PREMIER BUVEUR.

Tiens, ma foi, en voilà une qui est encore bien plus jolie.

SOPHIE.

Ne m'approchez pas. Au secours!

HONORA, *courant à Sophie.*

Au secours!

SCENE VI.

JONES, *paraissant au haut de l'escalier; les précédents.*

JONES.

Qu'ai-je entendu ? quels cris! comment! malheureux, vous osez insulter des femmes!

PREMIER BUVEUR.

Qu'est-ce qu'il dit donc celui-là ? Je voudrais bien sçavoir si ça te regarde.

DEUXIEME BUVEUR.

Qu'est-ce que ça te fait ? est-ce ta parente ? ta maîtresse ?

(*Jones s'élance de l'escalier, saisit une chaise, s'en arme, & tombe sur les Buveurs qu'il poursuit.*)

Attendez-moi, coquins.

SOPHIE.

Où sommes-nous ?

PREMIER BUVEUR, *en fuyant*.

Tout doux, ceci passe le jeu.

HONORA.

Prenons courage.

JONES *revient*.

Je vous apprendrai. Rassurez-vous, Madame; ils ont pris la fuite, & je suis trop heureux... Que vois-je ? Sophie !

SOPHIE.

Ah ! Ciel !

HONORA.

Jones !

DUO.

JONES.

Je vous retrouve, ma Sophie !
Je n'ose en croire mon bonheur.

COMÉDIE LYRIQUE.

SOPHIE.

Mon devoir veut que je vous fuie ;
Je vois l'excès de mon malheur.

JONES.

Que je vous abandonne !

SOPHIE.

La raison nous l'ordonne.

JONES.

Non, non ; ce ferait vous trahir.

SOPHIE.

Non, non ; vous devez m'obéir.

JONES.

Que je vous abandonne,
Quand l'Amour veut nous réunir !

SOPHIE.

L'Amour égara trop mon ame.

JONES.

Il m'a fait un cœur tout de flâme :
Laissez-moi vous voir, & mourir.

SOPHIE.

Je voudrais, & ne puis vous fuir.
Que l'Amour maitrise mon ame !

JONES.

Livrons-nous à sa douce flâme.

TOUS DEUX.

Le Ciel, pour nous aimer,
Se plut à nous former
Pour nous aimer.

SCENE VII.

DOWLING, JONES, SOPHIE, HONORA.

DOWLING.

Es yeux me trompent-ils ? c'eſt Sophie Weſ-
tern.

HONORA.

C'eſt Dowling.

JONES.

Oui, mon ami, c'eſt elle ; le Ciel nous réunit.

SOPHIE.

Ah ! Dowling ! vous retournerez au Château ? vous reverrez mon pere ?

DOWLING.

Il arrive.

COMÉDIE LYRIQUE.
JONES & SOPHIE.
Il arrive ?

HONORA.
Ah ! juste Ciel !

JONES.
D'où le sçais-tu ?

DOWLING.
Alworthy, Blifil, sa Tante même....

SOPHIE.
Ma Tante ?

DOWLING.
Oui, tous vos parens le suivent. Le Postillon les précede est déja dans les cours de l'Hôtell

JONES.
Ah ! mon cher Dowling ! Ah ! Sophie, je revois pour la derniere fois !

TRIO.

JONES.	SOPHIE.	HONOR[A]
Protege son innocence, Sauve-la de leur fureur ; Cher ami, prends sa défense : Je ne crains que son malheur.	Protégez son innocence, Sauvez le de leur fureur ; Dowling, prenez sa défense : Je ne crains que son malheur.	Vous voyez mon in[...] Sauvez moi de leur Prenez aussi ma [...] O ciel ! quel [...] malheur ! Dans ces cruelle[s al]armes, Qui viendra nous [secou]rir ?
SOPHIE.	**JONES.**	
Mes plus cruelles allarmes Seront de vous voir souffrir.	Pour vous épargner des larmes, S'il ne fallait que mourir !	

DOWLING.

Soyez tranquilles l'un & l'autre ; vous ferez heureux & vengés. Honora, conduis ta Maitresse dans cette chambre. Toi, Jones, remonte à la tienne. Je vais les attendre.

JONES.

Ah ! Sophie ! quel affreux moment !

SOPHIE.

Jones, sans vous je n'aurais jamais fui mon pere.

(*Sophie & Honora se retirent.*)

HONORA.

J'entends du bruit : allons, allons, le temps presse.

JONES.

Eh bien ! mes malheurs sont-ils au comble ?

DOWLING.

Tant mieux ; ils touchent à leur terme. Fais ce que je t'ai dit. (*Jones se retire.*) Tu m'as trompé, Blifil ; mais le Ciel m'a réservé les moyens de te convaincre.

SCENE VIII.

Mr. WESTERN, ALVORTHY, DOWLING.

M. WESTERN.

Laissez-moi, ne me retenez pas : malheur à qui je rencontre. Ma fille est ici, je le sçais ; j'en suis sûr ; je veux la trouver ; je veux la voir.

ALWORTHY.

Je n'aurais jamais soupçonné Jones de tant d'audace. Ah ! te voilà, Dowling ?

M. WESTERN.

Tant mieux, nouveau renfort. Où sont-ils ? qu'est devenu Blifil ?

ALWORTHY.

Blifil, contre mon avis, est allé chez le Juge de Paix.

DOWLING.

Le scélerat ! nous n'en aurons pas besoin. Demeure, Alworthy ; & toi, Western, écoute.

M. WESTERN.

Es-tu du complot aussi, toi ?

DOWLING.

Ta fille est ici : elle ne peut ni ne veut t'échapper.

M. WESTERN.

Parbleu, je le crois bien. Allons.

DOWLING.

Où vas-tu ? Déshonorer ta fille & toi par un éclat inutile.

ALWORTHY.

Il a raison : c'est sur-tout ici qu'il faut de la prudence.

M. WESTERN.

Tout cela m'est égal, je n'écoute rien : je veux la voir.

DOWLING.

Eh ! bien, je t'y vais conduire ; mais promets-moi de lui parler en pere. Reste, Alworthy ; je vais te rejoindre. Suis-moi, Western.

SCENE IX.

ALWORTHY, BLIFIL.

ALWORTHY.

INGRAT jeune homme ! ne t'ai-je recueilli dans ma maison que pour faire le déshonneur d'une famille honnête ? Ah ! Jones, que tu es coupable ! Eh ! bien, Blifil ?

BLIFIL

COMÉDIE LYRIQUE.

BLIFIL.

Le Juge de Paix me suit ; j'ai fait investir la maison.

ALWORTHY.

J'aurais desiré qu'on eût épargné cet éclat. Il ne sert qu'à redoubler mes chagrins.

BLIFIL.

Croyez que je les partage. Vous l'avez élevé ; & moi qui me faisais un plaisir de chérir en lui le compagnon de ma jeunesse ; quelle témérité ! quels excès !

ALWORTHY.

Il en sera puni.

BLIFIL.

Que ne puis-je, mon cher oncle, vous fléchir en sa faveur ; je connais l'énormité de son crime ; mais il peut être encore utile à l'état : faites-le promptement partir pour nos colonies.

SCENE X.

Les précédents, DOWLING, *ensuite* M. WESTERN, SOPHIE, HONORA.

DOWLING.

Pour les colonies ! Qui ? Jones ? Ton frere ?

ALVORTHY.

Son frere?

BLIFIL.

Ciel! Dowling!

DOWLING.

Oui, oui; son propre frere.

M. WESTERN.

Venez, venez, Mademoiselle; ce sera moi désormais qui veillerai sur votre conduite.

BLIFIL.

Dowling, je te supplie...

DOWLING.

Je ne t'écoute plus; il est tems de te confondre.

M. WESTERN.

Comment! qu'y a-t-il ici de nouveau?

DOWLING.

Que Sophie rassure son cœur. Alworthy, connais ton injustice. Tu me crois sincere, Western?

ALWORTHY.

Tu m'inquiettes.

M. WESTERN.

Acheve.

DOWLING.

Ce Jones que tu persécutes & qui te chérit; ce vertueux jeune homme que j'ai choisi pour mon ami, c'est ton neveu, c'est son frere, c'est l'aîné de Blifil.

M. WESTERN.

Jones serait ton neveu?

SOPHIE.

Quel nouveau jour frappe mon cœur !

HONORA.

Eh ! bien, Madame ?

ALWORTHY.

Que me dis-tu ?

DOWLING.

La vérité. Rappelle-toi cet honnête Summers. Deux ans de suite il logea dans ton château ; en secret il épousa ta sœur ; cinq mois après il mourut. Jones est le fruit de ce mariage que l'on te cachait alors, de peur qu'il ne devînt un obstacle au second que tu voulais conclure.

ALWORTHY.

Quelle preuve ?

DOWLING.

Blifil, remets les papiers dont tu t'es chargé.

BLIFIL, *d'un ton douteux.*

Des papiers ?

DOWLING.

La lettre de ta mere. Voici le double de ce qu'elle t'écrivait alors ; regarde, Alworthy : c'est l'écriture de ta sœur. Lis.

ALWORTHY.

Ciel ! Malheureux !

BLIFIL.

Mon cher oncle !

F ij

M. WESTERN.

Comment! ferais-tu un méchant homme, toi?

BLIFIL.

Si, par un aveu sincere de mes fautes, j'en pouvais espérer le pardon....

ALWORTHY.

Le pardon!... Sors de ma présence.

M. WESTERN.

— (*Blifil sort.*)

Oui, laisse-nous, méchant. Ah! morbleu! si j'étais ton oncle!....

ALWORTHY.

Combien j'étais trompé! Mais j'attefte le Ciel...

DOWLING.

Point de ferments. Répare ta conduite.

M. WESTERN.

Oui, tu le dois; c'est mon avis. Mon cher Jones!

SOPHIE.

Ah! mon pere!

M. WESTERN.

Oh! je me connais en gens. Quand je vous ai dit, mon vieil ami, que vous n'en auriez jamais que de la satisfaction.

ALWORTHY.

Fais-moi promptement venir Jones.

DOWLING.

Je vous l'amene. (*Il sort.*)

SCENE XI.

ALWORTHY, M. WESTERN, SOPHIE, HONORA.

ALWORTHY.

J'Ai peine à revenir du faisissement.

M. WESTERN.

Pourquoi te contraindre ? cacher sa joie, c'est se trahir soi-même.

SOPHIE.

Quel changement heureux !...

ALWORTHY

Aurais-je dû penser que Blifil...

M. WESTERN

Allons, qu'il n'en soit plus parlé : c'est un mauvais sujet ; ça ne se connaît ni en chiens ni en chevaux ; vive mon ami Jones ; comme nous allons chasser ! c'est comme celui-là ; qu'il me fallait un gendre ! car rien n'est dérangé : & puisqu'il est ton neveu.....

ALWORTHY.

Et mon seul héritier.

M. WESTERN.

C'est comme je l'entends.

SCENE XII.

DOLWLING, JONES, *les précédents*.

DOWLING.

ALWORTHY, voici Jones.

M. WESTERN.

Approche, approche; à nous, à nous.

JONES.

Doucement, Monsieur, point de violence; respectez mon malheur.

M. WESTERN.

Eh! non, tu ne fçais pas; embrasse-moi, mon camarade.

ALWORTHY.

Mon cher neveu!

JONES.

Que me dites-vous?

DOWLING,

Voici l'inſtant que je t'avais promis.

JONES.

Moi! votre neveu?

ALWORTHY.

Oui; crois-en mes regrets, ma tendreſſe.

COMÉDIE LYRIQUE.

M. WESTERN.

Et pour garant, prends la main de ma fille.

JONES.

Sophie!.. eft-ce un fonge, une illufion? Dowling!...(*à M. Weftern.*) Monfieur, quoi! (*à Alworthy.*) Je vous appellerai mon oncle?

SCENE DERNIERE.

Madame WESTERN, *les précédents.*

M. WESTERN.

Bon; voici ma fœur: arrivez, arrivez.

Madame WESTERN.

Eh! bien, mon frere, quel plan comptez-vous fuivre dans cette affaire? Il faut confidérer d'abord que les perfonnes d'un certain état....

M. WESTERN.

Oh! vraiment, vraiment, il y a bien d'autres nouvelles, que toute votre belle politique n'a pas fçu prévoir. Commencez par embraffer Jones.

Madame WESTERN.

Moi, Monfieur?

M. WESTERN.

Eh! oüi: c'eft mon ami; c'eft mon gendre; je lui

donne ma fille : c'eſt un Summers ; ſa ſœur, ſon pere.... c'eſt lui.... c'eſt que je ſuis enchanté.

Madame WESTERN.

En vérité depuis quinze jours, je ne conçois plus rien aux évènemens.

M. WESTERN.

Embraſſez toujours.

DOWLING.

On développera ces myſteres.

ALWORTHY.

Ne perdons point de tems : retournons au château ; que nos enfans ſoient unis dès ce jour.

M. WESTERN.

C'eſt bien dit ; retournons : il eſt de bonne heure ; mes chevaux ſont frais. Parbleu ! nous aurons le tems de chaſſer en route ; je parie que tu en meurs d'envie.

ALWORTHY.

Toi, Dowling, à qui je dois ma joie, ſois certain...

DOWLING.

Arrête, point de bienfaits ; j'ai fait ce que j'ai dû : ma récompenſe eſt dans mon cœur.

Fin de la Pièce.

VAUDEVILLE DE TOM JONES.

JE vous ob-tiens, vous qui m'ê-tes si che-re. Du néant je passe au bonheur: Dans mon a-mi, j'embrasse un se-cond pe-re, Un oncle dans mon bienfai-teur. Quels doux moments! Ah! ma che-re So-

VAUDEVILLE.

phie, Chérissons à jamais ce jour. C'est le plus beau de notre vie,

Refrain.

C'est le triomphe de l'Amour.

SOPHIE.

Un nouveau jour vient éclairer mon âme ;
    Je puis te fixer sans rougir.
Le meilleur Pere approuve notre flâme,
    Cher Amant, on va nous unir ;
En reprenant sa premiere innocence,
    Mon cœur, qui deviendra ton bien,
    Jouit aussi de sa constance ;
    Et ton triomphe fait le mien.

ALWORTHY.

Dès ton berceau je t'aimai Comme un Pere ;
    On m'a contraint à te punir :
J'en ai gémi ; mon cœur n'est point févere,
    C'est un tourment que de haïr ;

VAUDEVILLE.

Mais rendre heureux tous les objets qu'on aime,
 En plaisirs changer leurs douleurs,
 Oui, c'est-là le bonheur suprême;
 C'est le triomphe des bons cœurs.

MADAME WESTERN.

De chaque Cour démêler les intrigues,
 Bien combiner leurs interêts;
Quand il le faut tramer de sourdes brigues,
 Dans son cœur voiler ses secrets :
 D'après ce plan, heureux qui négocie;
 C'est un politique excellent,
 Ses efforts sont ceux du génie,
 C'est le triomphe du talent.

HONORA.

Loin des garçons fuyez, jeûne fillette;
 C'est ce que prône une maman :
De votre cœur suivez la voix secrette,
 C'est ce que des yeux dit l'Amant.
Qui croira-t-on? celle qui nous obsede?
Nenni : le cœur s'ouvre au desir,
 L'Amant parait, la raison cede,
 C'est le triomphe du plaisir.

Mr. WESTERN.

Dès le matin, ma vive impatience
 Guide ma meute au sein des bois :
Le tems est frais, l'animal que je lance
 Sort de l'eau, se rend aux abois.

VAUDEVILLE.

Tous mes amis partagent ma victoire,
 Elle en est plus chere à mon cœur :
J'entends le cor sonner ma gloire ;
 C'est le triomphe du Chasseur.

SOPHIE, au Public.

* Jones aux malheurs fut livré dès l'enfance,
 Mais enfin il touche au bonheur ;
Doit-il, Messieurs, dans le sein de la France,
 Craindre toujours votre rigueur ?
Que vos bontés soient enfin son partage ;
 Et s'il repond à vos desirs,
 Assurez par votre suffrage
 Et son triomphe & vos plaisirs.

FIN.

---

* Ce Couplet fait allusion au peu de succès qu'eut cette Pièce à la premiere Représentation.

APPROBATION.

J'AI lû, par ordre de Monseigneur le Vice-Chancelier, *Tom-Jones* Opéra-Comique, & je crois qu'on peut en permettre l'impression. A Paris ce 16 Février 1766,
       MARIN.

www.ingramcontent.com/pod-product-compliance
Lightning Source LLC
LaVergne TN
LVHW050648090426
835512LV00007B/1090